海華 이명림 제4시집

금강산을 두 번 가다

순수시선 680

금강산을
두 번 가다

이명림 지음

2024. 9. 5. 초판
2024. 9. 10. 발행

발행처 순수문학사
출판주간 朴永河
등록제2-1572호

서울 중구 퇴계로48길 11 협성BD 202호
TEL (02) 2277-6637~8
FAX (02) 2279-7995
E-mail ; seonsookr@hanmail.net

저자와의 합의하에 인지를 생략함
잘못된 책은 바꾸어 드립니다

ISBN 979-11-91153-68-2

가격 15,000원

海華 이명림 제4시집

금강산을 두 번 가다

순수

◆ 시인의 말

 詩가 처음 나를 찾아온 건 14살이 되던 가을 이었다. 학교에서 귀가하면 자주 뒤뜰로 갔다. 이천 평 정도의 뒤뜰은 집보다 약간 높아서 면 소재지까지 잘 보였다. 뒤뜰에는 아버지께서 심은 과일나무와 꽃나무 들이 있었다. 딸기, 앵두, 살구, 복숭아, 감, 호두, 오디, 황매화, 작약, 모란, 수국, 단풍나무가 있었다. 1965년 어느 가을날, 뒤뜰에는 단풍잎이 떨어지고 있었다. 바람에 날리는 단풍잎을 보며 나는「단풍잎」이라는 동시를 썼다. 그 동시를 중앙일보 신문사로 보냈는데 중앙일보의 중앙동산 코너에 실렸다. 향나무 연필 열타스, 고급노트 수 십 권의 상품이 학교로 배송 되었다. 그 다음 해에도 시를 보냈는데 두 번은 채택이 되지 않는 것 같았다. 그 이후로 詩는 쓰지 않았다. 당시에 4대가 함께 사는 대가족이었다.
 자연 속에서 자란 나는 성년이 되어서도 산과 들을 좋아하게 되었는데 마침 몇 년간 금강산 여행길이 열렸다. 지금은 갈 수 없는 곳이지만 당시에 나는 두 번에 걸쳐서 금강산에 올랐다. 남북이 소통을 하면 한반도에 희망이 보일 것 같다는 생각에 금강산을 이 시집의 제목으로 가져왔다.

   그래서 네 번째 시집이 태동을 하고 만삭이 되어 한 편 한 편의 시가 한 권의 책이 되어 새롭게 탄생을 하게 되었다. 이 시집은 모든 독자님들께 바친다.

2024년 문정동 서재에서
海華 이명림

| 목차 |

◆ 시인의 말 · 10
◆ 해설/정연수 · 130

1부 보금자리

보금자리 · 19
한국 · 20
그와 나 · 22
플라잉 요가 · 24
산새 · 25
산이 좋아 · 26
진도 · 27
아버지 · 28
요양병원에서 집으로 · 29
롯데타워 전망대 · 30
냇물 · 31
구름 · 32
인도 타지마할 · 33
남미에서 · 34
그리움 · 36
사람 · 37
숲길 · 38
맨발 · 39

2부 빠름의 시대

낙화암 · 43
미래 · 44
모정 · 45
나의 어머니 · 46
이 가을 · 48
심청이 · 49
고향 집 · 50
제주도 · 51
삶과 여행 · 52
위대한 작가 · 53
가정 · 54
열매 · 55
여행 · 56
엘리자베스 2세 · 57
아카시아 · 58
빠름의 시대 · 59
자가 격리 · 1 · 60

3부 자가 격리 · 2

자가 격리 · 2 · 63
자가 격리 · 3 · 64
자가 격리 · 4 · 65
와이키키 · 66
하와이 · 67
와이키키의 노숙자 · 68
코로나 시국 기내 모습 · 69
이국 땅 · 70
여행이란 · 72
한우 · 74
인연 · 75
빛 · 76
코로나 백신 4차 · 77
병 1 · 78
병 2 · 79
인왕산에서 · 80
봉평 들판 · 81
3시간 13분 · 82

4부 견디기

견디기 · 85
정읍 아리랑 · 86
내장산 · 87
칠보 발전소 · 88
이방인 · 89
갈 수 없는 곳 · 90
목민심서의 산실 · 92
봄비 · 93
호수 · 94
아호 · 95
눈물 · 96
꽃 · 97
생명 · 98
이십 대 탈북 여성 생애 담 · 99
이십 대 조선족 · 100
기차역 · 101
고맙다 한강 · 102
지금 어디 · 103
금강산을 두 번 가다 · 104

5부 삶의 여정

파크 골프 · 109
묵상 · 110
삶의 여정 · 111
노르웨이 · 112
천국 문 · 113
뭉크의 나라 · 114
안데르센 · 115
스톡홀름 · 116
바이킹 크루즈 · 117
죽림리에서 · 118
드론 · 119
태풍 · 120
문학의 집 · 121
툰드라 · 124
국경선 · 125
솔 비치 · 126
주말농장 · 127
지구 한 바퀴 · 128

1부

보금자리

보금자리

딱 딱 딱
따닥 딱 따악
딱따구리가 숲 속에서 나무에 집을 만든다
옆에서 여러 사람이 이야기하며 도시락을 먹고 있어도
아랑곳하지 않고 집을 만들고 있다

딱따구리는 급하게 나무에 신혼집을 짓고 있으며
도시에서는 아파트가 지어지고 있다

한국

해방 후 일천구백오십 년 유월
북한의 김일성은
육이오 한국 전쟁을 일으키고
남북의 많은 젊은이와
한국전쟁을 도와 준 세계의 젊은이들을
죽음으로 몰아넣었다

일천구백오십삼 년 칠월
많은 상처를 남기고 전쟁은 멈추었지만
한반도의 허리가 잘린 채 고통스럽게
칠십 년 이상이 흘렀다

백두대간의 산신령이여 하늘의 절대자여
독일 베를린의 장벽이 무너지듯
어느 날
우리도 남북으로 갈라진 철조망
휴전선이 무너지게 하소서

그리하여
분단 트라우마가 소통 치유 통합을 거쳐
백두에서 한라산 백록담까지

한민족 배달의 겨레가 하나가 되고 동방의 빛이 되어
지구촌이 자유와 평화를 함께 누리게 하소서

그와 나

노년의 그는
남들이 부러워하는 직장인이다
건축과 출신으로 신혼때는 중동에서
오일머니 달러를 벌어들였다
귀국 후에는 박사학위 취득 공부에 바쁜 나날
그 후 주중은 직장인 주말은 강의로
주말에는 거의 두 아들과 나만 집을 지켰지만
대신 수입은 더 들어왔다

가정을 소중히 생각하는 나는
집안 일하고 혼자 노는 법을 터득해야만
평화로운 커플이 될 거라 생각했다
지금도 주말에는 건강한 두 다리에 감사하며
건강을 위해 혼자 산에 오르기도 한다
산에서 멧돼지의 출몰이 두려워
오고 가는 이가 많은 주말에 산에 가야만 한다

여러 산악회는 젊은이들의
보폭을 따라잡기가 버겁고
친구는 다리가 성하지 않거나
등산에 취미가 없다고 한다

그이와 함께 산에 가면
등산의 속도 조절하기가 좋다

플라잉 요가

사람이 천정에서 내려온 큰 보자기에 매달려 있다
애벌레가 나뭇잎에 집을 지은 것 같다
천위에서 평화롭게 놀고 있다

사람이 한가롭게 공중에 떠 있으니
사람도 나뭇잎의 애벌레처럼
공중의 자유를 맛보고 있는 듯하다

산새

근처의 흔들의자
나는 봄 햇살 아래 앉아서 다리를 흔들고
산새는 나무에 앉아 꼬리를 흔든다
얼마 전까지만 해도
하늘이 보이는 앙상한 겨울나무 가지와
도로의 차량 소음만 들리더니
이제는 나뭇잎에 소음은 가려지고
새들의 대화 소리가 들려온다

새들의 각각 다른 대화 소리
가까이에서 멀리에서 들려 오는 새 소리에 귀 기울이면
마음은 자연에 섞여 한결 더 편안해진다

산이 좋아

산이 좋아 산에 가네
산에 가면 다람쥐 개미 벌 나비
산새들이 환영해 주네
자연은 영혼과 육체가 하나 되게 하고
때로는 시의 언어를 선물해 주기도 하네

봄에는 새싹 돋고
여름에는 그늘을 주네
가을에는 낙엽 주며 인생길 더듬게 하고
겨울에는 눈꽃을 피워 주네
산이 좋아 산에 오르네

큰 노송과 낙엽송이
변함없이 자리를 지키고 그 자리에 서서
두 팔 벌려 반겨 주네

진도

이순신 장군의 흔적과 혼이 있는 진도는
예술인들의 섬
조선 시대에는 유배의 섬
시에 그린 박물관은
도시의 예술인들에게 희망과 꿈을 주는 곳
진도는 농경지가 많고 해산물도 풍부하며
대부분 주민이 노래 한가락은 할 줄 아는
예술의 고장이다

무오사화 때 유배자 노수신은 목주이천언
시를 쓰는 정만조는 은파유필을 남겼다
팽목항에는 노란 리본이 바람에 나부끼고
세월호 침몰의 아픔을 상징하듯
밭에는 노란 유채꽃이 피어 있다

아버지

구순의 아버지는
정신 줄을 약간 놓기도 한 적이 있으며
언제나 당당했던 아버지는
이제 등이 굽었습니다

운동을 좋아하시던 아버지
이제는 체력관리에 별 관심이 없지만
요양병원에서는 운동을 하고 싶어도
재활치료만 가능합니다

젊음을 뒤로 한 노년기 삶의 의미를 생각하며
남은 자녀들은 마음으로 아파하고
깊은 사색에 잠기기도 했는데
이제는 집에서 지내시며
주야간 보호 센타에서 친구들과 바둑을 하십니다

요양병원에서 집으로

시대의 흐름 따라
요양병원에 계시는 아버지
머리는 까까머리이고
손가락이 약간 떨리기도 합니다

평소 몸의 청결과
옷매무새를 다듬는 일이 일상이고
항상 당당하며 기가 살아있으며
언제나 낙천적이었던 아버지

다행히
건강이 회복되어
그렇게도 그리워하시던
고향집에서 지내십니다

롯데타워 전망대

잠실의 롯데 전망대에 오르면
한 마리 새가 되어
멀리 십 키로 지점의
나의 보금자리인 아파트가 눈에 들어오니
이제는 다툼 없이 살고 싶어진다

방향을 바꾸어 한강 너머로 눈을 돌리면
내가 공부하고 있는
대학원 건물 새천년 기념관
그리고 어린이 대공원의 숲도 볼 수 있다

냇물

하늘로 돌아가신 어머니
이승에서 저승으로
더 넓은 우주로
어려운 코로나시기에 이사 가셨다

긴 세월 흐른 후
언젠가는 우주의 어머니 집들이에
자녀들이 초대될 것이다
어느 날
아무 말 없이
우주로 떠나신 어머니

가신 어머니가 그리워서
자녀가 흘린 눈물이
고향 집 앞 도랑물에도 섞여 흐르고 있다

구름

구름은 자유
앞으로 가기도 하고
옆으로 갔다가 돌아서서
뒤로도 가고
사랑하며 함께 뭉치다가
서로 갈라서기도 한다

빠르게 달리다가 잠시 쉬며
쪽잠을 자고 기지개를 켠다
화가 나면
검은 구름으로 지상에 겁을 주다가 진정이 되면
하얗고 부드럽게 변하여 솜사탕 미소를 띤다

인도 타지마할

아그라의 상징 타지마할
야무나 강가의 세레나데의 표상
야무나 강에 비치는 타지마할은
아름다움의 극치이며
무굴제국의 자존심이다

달 뜨는 밤의 타지마할은 더욱 아름다워
달빛 사랑 그 자체로
샤자한 왕이 왕비의 무덤을 멀리에서 바라보는
애틋한 사랑의 흔적들
대리석과 보석의 화려한 연출로 대신한다

남미에서

남미 공항에서는
여행 가방이 분실되기도 한다는 가이드의 말
작은 가방과 낡은 큰 가방 모두 두 개
인천에서 멕시코 공항으로 보냈다

멕시코시티 도착 후
가방은 이상 없이 잘 찾았다
첫날 숙소에서 사계절 옷을 작은 가방에 옮기고
큰 가방은 여벌옷들을 넣었다

사계절이 공존하는 중남미 날씨인데 다음 날 저녁부터
큰 가방은 고장으로 열리지 않아서
커다란 가방을 들고
중남미 비행기를 열두 번이나 갈아탔다

그 가방을 망가뜨리고
새 것으로 구하고 싶지만
산골 오지라서 가방 구할 곳이 없어서 포기했다
다행히 작은 가방에 기본적인 사계절 옷은 있었다

전원풍의 꽃이 핀 넓은 화단이 있는 호텔풍경을 즐길

여유가 줄었다
쿠스코의 추운 산악지대와 더운 지방 여행에도
때에 맞게 옷을 갈아입으며 지장 없이 여행을 마치고
큰 가방 속의 옷과 소지품은
사용 한 번 못하고 귀국할 때까지 들고만 다니던 가방은
귀가 후에 버렸다

그리움

창 밖에는 여명이 밝아오지만
한 번 가신 어머니는
아무리 불러도 대답이 없습니다

구순의 어머니가 돌아가시니
주변사람은 그 나이에도 슬프냐고 말하기도 합니다
하지만 너무나 슬프고 그립습니다

생일마다 이십 년간 함께
국내 여행을 했던 추억이 생각납니다
장손 며느리로 시집와서
한겨울에도 시린 손으로
동네 앞 냇가에서 빨래하시던 옛 모습

어머니
당신은 나의 우주였기 때문에
당신 없는 지구는
텅 비어버렸습니다

사람

코로나로
노환으로
중년의 지인들이
갑자기 부고를 보내면
놀라며 허무감이 몰려온다
삶의 종말이 슬프고 아프다

아무도 모르지만
누구에게든 삶의 끝은 있다
인간 모두가 자신의 종말이 두려워서
사람의 인생 끝을 외면하고 살아간다

숲길

우거진 숲은 매일 다르고
어제의 숲은 오늘의 숲이 아니며 또 계절마다 다르다
숲길을 한참 걷다 보면
나무숲이 내게 안정감을 주기도 하며
숲 속의 흙길은
내게 부모님 다음으로 편안함을 준다

숲길의 봄은 여린 잎
여름은 벌레 먹은 잎의 무성함
가을은 다채로운 색감
겨울에는 벚나무 가지에 미리 피어난 벚꽃과 눈꽃산행
숲길은 행복과 사색을 선물해 준다

맨발

맨발이다
앞사람도 뒷사람도
흙길을 맨발로 걷는다
나도 맨발이다

초겨울 차가움이 느껴지지만
아침이면 설레인다
맨발로 동네 산을 걷기 위해
집을 나선다

어느 누군가
빗자루로 산길을 말끔하게 쓸어 놓았다
모든 생명의 근원인 흙

2부

빠름의 시대

낙화암

어머니 가신지 육 일째
낙화암 늦가을 단풍잎이
백마강 위로 떨어지듯
어머니는 수액이 다하여 운명하셨다

어머니의 영혼은 하늘로 갔는데
어머니는 요양병원에 계실까
정읍 고향 집에 계실까

태인CC 뒷산 아래
추모공원에 계실까
낙화암에 계실까
백마강에 계실까
어디에서도 찾을 길 없네

미래

어머니가 하늘로 가신지 두 달
미래도 모르는 채
어찌할 바를 모르고
주체를 못할 만큼 슬프다

어머니가 곁에 안 계시니
기가 죽고
누구에게 쫓기는 기분이다
한숨이 나온다

모정

어머니가
돌아가셨다
이제
이것도 먹고 저것도 먹어라
권유하던 어머니가 사라졌다

얼마 전까지도 나는 어머니의 얼굴도 보고
고향 집을 보러온 것이지
요리는 중요하지 않다고 여겼다
어머니 생존 시에는
그렇게 생각했다

나의 어머니

일제 강점기에 태어나
일본인 교사의 한글사용 금지령에
학교에서는 일본어로 수업하고
집에서 몰래 한글 깨우치고
나이 이십에 결혼

고등학생 남편 뒷바라지하며
시조부와 시부모님 모시고
식민지 겪으며 해방 몇 년 후
첫아이 출산하던 해
육이오 전쟁이 일어나고
고등학생 남편은 학도병으로 자원하고
몇 년 후 전쟁 휴전
어려움 속에서 칠 남매 낳아 길렀다

선진국이 된 이후
엄마의 냉장고 안에는
우유와 계란은 항상 있었고
핸드폰도 사용하시며
불편한 몸으로 집안일을 하시다가
구순에 하늘로 가신 엄마는

한국 현대사의 아픔과 번영을
모두 겪고 하늘로 가셨다

이 가을

낙엽이 진다
가을비에
남은 낙엽이 떨어진다

이 가을은
온통 슬픔이다
구순의 엄마는
낙엽만 남긴 채 하늘로 가셨다

심청이

어머니가 하늘로 가신 날
칠십 년 넘게 아내에게 대접받던 아버지
아내의 장례식 날 홀로 집에서 충혈된 눈으로
덩그라니 침대에 앉아 계신다

나는 아버지를 뒤로 하고
어머니의 장의사 차로 간다
동네 아주머니들이 엄마의 장의사 차를 마중 나왔다

아주머니들의 손을 잡으며
마을회관에서 우리 아버지
점심 좀 부탁한다고 말하니
지금은 코로나로 점심 제공이 없다고 한다

나는
힘없이 잡은 손을 놓고
무거운 마음으로 어머니의 장의사 차에 오른다

고향 집

어머니는 밥이며 고향이다
석 달 전 요양병원으로 가신
구순의 노모는 만날 수 없으니
내겐 고향 집이 없어졌다

노환으로 잘 걷지 못할 때도
주방으로 가셔서
자식의 간식을 챙기시던 어머니
어머니 없는 집은 빈 집이다

앞뜰 뒤뜰에 야채를 심던 고향의 텃밭은
어머니를 기다리지만
다시는 고향으로 어머니가 돌아올 수 없으니
어머니와 못다 한 이야기와 고향 집의 기억들은
어찌 해야 할지

제주도

제주도는
도민보다는 관광객과 자연이 주인이며
한라산과 바다
그리고 억새와 바람
검은 돌담과 작은 밭의 농작물
귤과 한라산 중턱의 말들이 주인이다

본토인은 본토인끼리의 문화이고
외지에서 제주에 온 사람들은
연대감이 서로 약하니
제주도의 주인은
바로 자연과 관광객이고
그 다음 주인은
위정자와 공무원일 것 같다

주인 없는 그곳에
바람이 한라산과 바다를 할퀸다
이색적인 제주도가 좋아서
제주사랑 관광객이 넘쳐나
제주공항은 항상 붐비고
한 달 살기로 제주도에
한 발짝 들여 놓는 이들도 있다

삶과 여행

삶은 여행이고
여행은 삶이다

한동안 집에 있으면
여행을 떠나고 싶고
여행 막바지에는
집으로 다시 돌아가고 싶어지니
한 번 뿐인 삶은 바로 여행길이다

위대한 작가

칠순의 프랑스 여성 현대 작가 그녀가
올해 노벨문학상을 받았다
그녀는
프랑스에서는
이미 유명한 소설가였다

그는 자전적 소설 여러 권을 집필했다
적성은 있지만 용기가 없어서 쓰지 못하는 작가와
용기 있게 써 내려간 작가와의 차이
칼날 같은 필치로 쓴 작가와
둔한 필치와의 차이
고독과 사색을 일상화하는 작가와
사람과 어울리기를 좋아하고 놀기를 좋아하는
작가와의 차이일 것이다

그녀는 이제
어떤 소설을 쓰던
톨스토이가 그랬듯이
대부분의 작품은 평생 그의 명작이 될 것이다
피카소가 그린 작품이
뭐든 기본 스케치까지도
명작이 되었듯이

가정

부부는
서로 잘 모를 때도 있다
함께 집에서 만나는 사람
그런 모습이 중년의 부부일 수도 있다

대부분의 사람들은 이세에게
가정을 갖도록 권유하지만
대부분의 가정이 과연 그들의 이세에게
본보기가 될 만큼 처음 해 본 부모노릇을 잘하며
행복하고 현명하게 살았을까

열매

늦가을 나무는
겨울을 재촉하는 가을비를 맞으며
은행 열매가 열리더니 이제 땅으로 떨어졌다

그런데 떨어진 곳이 하필이면
콘크리트 바닥이라
열매가 그곳에서는
결코
싹을 틔울 수 없으리라

고향의 보정사 사찰 흙 마당에 서 있는
단풍나무 열매가 떨어진 곳에서는
내년에도
많은 애기단풍 새싹이 땅에서 자랄 것이다

여행

기쁠 때나 슬플 때도
여행은 기쁨과 행복을 주며
쓸쓸하고 외롭고 고독할 때도
여행은 기분전환을 해 준다

여행이란
떠난 그곳에서
사람과의 소통이 일어나니
여행은 계획부터 행복하지만
나들이를 마치고 돌아올 때는
찾아갈 보금자리가 있어서 더욱 더 행복해진다

많은 이들에게
소원이 무어냐고 물어 보면
슬슬 여행이나 하면서
살고 싶다고 말한다

엘리자베스 2세

칠십 년 동안 전 세계에 알려진 영국 여왕
그녀는 젊음을 뒤로 한 등 굽은 여왕
구십 대에도 업무에 임하며
영원할 것 같아 보이던 여왕
하지만 여왕은 하늘나라로 가고
십 일간의 긴 장례식도 아랑곳없이
여왕은 영원히 잠들어 듣지 못하지만
상주들을 위로하는 사람들이 인산인해를 이룬다

여왕에 대한 세계인들의 슬픔은
어쩌면 살아 있는 자들이 죽음에 대하여
두려움을 극복하기 위한
위로일 것이다

아카시아

몇십 년 된 커다란 아카시아 나무의 몸통에
위 아래로 구멍이 두 개
부모 딱따구리와 새끼 딱따구리 집인 듯한데
언제 왜
그들은 이 집을 두고 떠났을까
아카시아 나무는 묵묵히 그 자리를 지키고 서 있다

저 집을 짓기 위해
부모 딱다구리는
몇 날을 작은 부리로
단단한 아카시아 나무를 쪼아서
집을 마련했을 것이다

빠름의 시대

지하철 속 마주 보는 의자
사람들 일곱 명 중 네 명은
앉아서 스마트 폰을 보고 있다

그런데 현대의 우리는 왜 더 바쁜가
속도 빠른 스마트 폰과 수시로 탈 수 있는 지하철
시간은 더 여유로워져야 할 텐데
실시간으로 주고받는 SNS
수시로 출발하는 지하철
사람과의 소통이 훨씬 수월해졌음에도
현대의 우리는 왜 고독하고 외로운가

지구촌은
지하철보다 더 빨리 움직이고
쏟아지는 지구촌 정보의 홍수 속에서도
우리는 왜 혼자인가

자가 격리 · 1

코로나19 감염으로
칠 일 동안 대문 안에만 있었다
텔레비전에서는
백 년 만의 큰 홍수 피해라는 뉴스가 나오고
농작물과 주거지
다리와 도로 하천
모두 엉망으로 보이는데
물 구경하러 밖으로 나갈 수도 없었다

격리해제 후
근처 공원 산책에 나서니
주변이 억센 빗물에 씻겨내려
말끔해졌고
매미도 나무에서 여전히 울고 있다

3부

자가 격리 · 2

자가 격리 · 2

젊은 날의 친구들은
나이 들어 이제는 서로 다른 삶과 신앙으로
거리가 조금 벌어지기도 한다
순수했던 젊은 날의
그 친구들과
칠 일 간의 자가 격리라면
할 얘기도 많을 것 같다

자가 격리 · 3

어머니는 구십 대 초반
노환으로 거동이 불편하시어
누워 있는 게 편하다고 하시며
자주 눕기만 하시고
가끔은 기저귀 신세도 지시지만
젊은 시절에는 낮에 자리에 누워서 쉬는 적이 없었다

건강한 젊은 시절의 어머니와
칠 일간 둘만의
자가 격리였으면
할 얘기도 많을 것 같다

자가 격리 · 4

남자들의 군대 생활과
경비교도대의 군 생활이 이런 기분이었을 거다
목줄에 메인 강아지도 이랬을 거야
코로나 양성이 된 이후
자유가 없는 몸이 되어
대문 밖 출입이 통제되었다
칠 일 후 해제가 되면
목줄에서 풀려난 강아지처럼
동네 공원 한 바퀴를 돌아야지

와이키키

물 맑은 태평양
연 하늘색의 넘실대는 바다
물이 맑아 바닥의 모래가 훤히 보인다
바다로 조금만 들어가면 파도는 삼 미터나 되고
윈드서퍼는 파도와 함께
출렁이며 한몸이 된다

둥글게 휘어지는 높은 파도 속으로
자연스럽게 들어갔다 나오는 서퍼
다시 가고 싶은 그 바다
하와이 와이키키 해변

하와이

한국보다 다섯 시간 빠르게 계산
한국 새벽 한 시다
그곳 아침 여섯 시다

칼라카우아 거리 와이키키 옆 대로변

사람이 붐비는 번화가
일주일간의 하와이 여행 후
한동안 어김없이 새벽 한 시가 되면 잠을 깬다
여기는
미국이 아니고 한국이라고 최면을 걸어본다

와이키키의 노숙자

와이키키의 해변가
야자수 아래 잔디밭에
노숙자가 짐 보따리와 함께 맥없이 앉아 있다

겉모습은 멀쩡한데
씻지 않아서 무서워 보인다
와이키키는 날씨가 좋아서 그들은
일 년 내내 밖에서 지내는데 어려움이 없을 것이다

짐수레에 보따리를 싣고 다니는 이
원주민 흑인 간혹 백인 노숙자도 보인다
마약에 중독된 이들도 있다

코로나 시국 기내 모습

코로나 19가 퍼지고 거의 삼 년이 되었다
장거리 비행기 안의 요즘 풍경은
일부의 좌석이 비어 있다
잠시 누워서 쉴 수도 있는 공간이 된다

코로나 시국 이전에는
국적기의 좌석이 거의 만석이었는데
전염병으로
이런 어려움이 올 거라고는
생각지도 못했던 세계 인류는
전염병의 재앙에 무척 놀라니
지구촌은 하나로 연결된 고리다

이국 땅

그이와 나
자유여행으로 이국 땅에 내리고 보니
이국 땅에 아는 이는 단 둘뿐이고 모두가 이방인
둘이 서로 의지하며 길을 묻고
날이 새면 또다시 길을 떠난다

다음 날도 아침 식사 후 한두 시간 쉬고
다시 길을 나서며
시내버스든 트롤리든 되는대로 올라탄다
거의 매일 오후마다
와이키키 해변에 들릴 때면
파도와 윈드서퍼가 어우러지고
모래사장에는
노 마스크 인파들로 넘치고
밤거리에도
노 마스크의 인파들로 물결치니
이곳만큼은 코로나와 무관한 자유가 보인다

우리 둘과 몇 명만 마스크를 썼다.
어떻게든 우리는 이곳에 오래 묶여 있으면 곤란하니
무사히 귀국해야만 하기 때문이다

나흘간 묵은
우리 숙소의 스텝들은
우리를 잘 도와주지만
얼굴색이 다르고 언어가 다르고
문화가 다른 이방인들이다
한국인으로 아는 이라고는
공항 픽업과 단 하루 관광을 안내해 준
검게 탄 교포 디아스포라 가이드 한 사람뿐
귀국길에는
그가 교포 병원으로 픽업해 주어서
코로나 신속항원검사 후 가슴 졸이며 결과를 본 이후
검사 결과지를 하와이 공항에 제출하고
무사히 귀국할 수 있었다
코로나로 묶였던 삼 년 만의 외국 나들이는 행운이었다

여행이란

외국 나들이 계획을 세우고
모든 예약을 한 후 여러 가지 자료 검색을 하면
이미 마음은 그 나라에 가 있고
조국의 인연들은 약간 거리를 두며
멀리 떠난 이방인이 될 마음의 준비를 마친다

잘 세운 계획이라고 생각해도 두렵기도 하다
비행기에 몸을 실은 후에는
마음은 오히려 편안해지며
조종사가 무사히 착륙시킬 때까지 기다릴 수밖에 없다

장시간의 불편한 비행
현지의 복잡함과 다름의 문화 실체를 보며
어떻게든 적응하려 애를 쓰고
집으로 돌아갈 때까지 잘 견디기를 바라며
타국의 문화와 역사를 본 후
돌아갈 준비로 짐을 꾸릴 때면
마음은 벌써 일상으로 돌아가
밀린 일을 할 계획을 세우며
집에 가면 무엇부터 할 것인지를 생각한다

돌아와서도 비운 시간만큼 며칠 간은
잠시 적응이 어렵고 온실 같은 집에 머물며
내가 비운 날짜만큼 일이 밀려 있으니
조용히 밀린 일을 하나씩 해결한다
번거롭고 힘들어도
또다시
얼마의 시간이 흐른 후
못 가 본 미지의 다른 지역의 여행을 계획한다

한우

좁은 칸막이로 된 우리 안에서
때가 되면 밥 먹고 배설하고
크게 움직일 수도 없이 겨우 서 있을만한 작은 공간
소의 의지와는 상관없이 인공수정으로
다시 후손을 갖는다

소가 사료를 먹고 성장한 후
미래는 어떤가
식탁의 식재료로 올라간다는 것을 모르고
소는 열심히 일용할 밥을 먹는다

농경 사회 때는 들판에서 이곳저곳 장소를 옮겨가며
자유로이 풀을 뜯고
농사일하던 소가 더 행복 했으리라
지금은 콤바인과 이양기가 대신하지만
농경사회에서 소는 동물 중에서도
주인사랑 많이 받으며 농부와 소통하면서
일을 참으로 많이 했다

인연

삶의 인연들이 떠나고
슬프게도 핏줄이 떠나기도 하며
더러는 자리에 누워서 떠날 준비를 하는 이도 있다

오 년 전
하나 뿐인 언니가 갑자기
자리에 누워있게 되고
구십 대 초반의 부모님은
보행이 불편하고
귀가 어두워 소통이 불편하니
내 나이가 더 들어갈수록 지인들이
더 많이 세상을 떠나는 영원한 이별의 아픔들을
겪어내야만 한다

애증의 인연
핏줄의 인연들이
떠나고 멀어져 가면서 대신
그 자리를 두 며느리와
손자 손녀가 대신해 주고
새로운 인연이 되어 준다
그렇게
다른 인생 항로로 접어들기도 한다

빛

하느님 당신은
어둠 속의
한 줄기 빛입니다
하느님 당신은
항상 그곳에 있지만
평소에 편안할 때는 한 줄기 빛이 잘 보이지 않습니다

어둠에 갇혀 있을 때
당신은
빛으로 다가오며
그때는 정신이 번쩍 들어
옷매무새를 가다듬고
똑바로 앉아서 하느님께 기도합니다

코로나 백신 4차

4차 백신 예약 후
접종 며칠 전부터 긴장이 되고 두렵다
무더운 한 여름이라서
어지러운 것 같기도 하고
드디어 접종 날은 다가왔다
외국 여행길에 오르려니 어쩔 수 없이
4차까지 접종하는 게 좋을 거라 생각하며 접종했다

삼사 주 이 후 부터 효과가 있다는데
일주일 후면 출국인데 늦은 것 같다
외국에 가서 발이 묶이면 곤란하니
불안하니까 늦었지만 접종해야지
제발 무사히 여행 마치고 돌아올 수 있기를 빌며
이번 칠순 기념여행을 제때 꼭 떠나야만
앞으로 남은 인생항로를
무사히 항해할 수 있을 것 같아서
코로나 백신 4차 예방접종까지 해 가며 강행했다

병 1

병에서 탈출하기 위해서
수술대 위에 눕는 환자
그가 볼 수 있는 건 천정의 전깃불 뿐
스스로 할 수 있는 건 아무것도 없다

의사와 간호사 스텝에게
절대자인 하느님께 맡길 수밖에 없는 상태
전신 마취에 들어가면
이내 환자의 의식은 사라지고
무의식으로 들어가 잠깐의 죽음을 경험한다

얼마의 시간이 흐르면 살기 위한 수술이 끝나고
멀리에서 재깍재깍 희미한 소리와 함께
주변의 부산함이 청각으로 감지되며
소중한 삶이 다가 오고
모든 것을 볼 수 있다는 것과
살아있음에 감사하게 된다

병 2

육체의 병
마음의 병
둘 다
외롭고 고통스러우며 힘들지만
그래도 희망의 끈을 붙들고
환자는 하루하루 견디기를

시간이 흐르면
절대자인 신의 도움과
스스로의 음식 섭취
그리고 의사의 도움으로
세포는 하나하나 새롭게 살아나고
차츰차츰 날이 갈수록 좋아지리

언젠가는 꼭
영과 육이 미소 짓는
그 날이 올 것이니
천천히 빛을 향해
한 걸음 한 걸음

인왕산에서

조선시대 화가 겸재 정선 생가터
뒷산은 인왕산이 자리하고
비 온 뒤의 인왕산을 보며
겸재 정선은 인왕산 그림을 그려 후세에 남겼다

서울의 인왕산은
그리 높지는 않지만
높은 산에나 있을 법한
큰 바위들이 많아 산을 오르며 조선시대를 상상하고
인왕제색도 그림 속의 주인공도 되어본 후
인왕산 계단을 내려오며
경복궁과 서울장안을 내려다본다

봉평 들판

봉평 들판에는 하얀 메밀꽃이 가득
멀리에서 보면
흰 구름처럼 보이고
가까이 보면
바닷가의 흰 염전처럼 보인다

이곳의 메밀꽃이 필 때면
사람들이 봉평으로 모여들어
메밀밭에 들어가 사진을 찍기라도 하면
가늘고 연약한 메밀꽃 줄기는
그 자리에 그대로 누워버린다

3시간 13분

이른 아침 장항선 군산역
그 역에서는 두세 명만 차에 오른다
열차 안에는 몇 사람만 있을 뿐 빈 의자들
차창 밖 논에는 물이 찰랑거리고
농로에 서 있는 나무가 푸르다

충청도 넓은 대천 평야가 확 트이는 풍경
온양온천 지나고
점점 도시 시멘트 건물이 조금씩 보이더니
수원에서부터는 번잡한 도시풍경이다
수도 서울
큰 산 같은
콘크리트 건물 숲이 뒤숭숭하다

초고층 건물들이 열차를 삼킬 듯
가까이에 서서 큰 입을 벌리고 있다
서울 한복판의 용산역
도시의 북적이는 사람만큼이나
철로가 거미줄처럼 얽혀 있다

4부

견디기

견디기

공원길의 들꽃은 거의 지고
지친 장미 넝쿨만 울타리에 겨우 얹혀있는데
무엇으로 이 여름을 견딜까
지리산의 싱싱한 들꽃과 나무가 떠오르는
서울 도시의 작은 산
흔들의자에 앉아 주위를 둘러본다

나뭇잎이 바람에 춤을 추면 새가 울고
더운 여름을 견디게 해 줄 자연은
바로 나무이니 그늘이 고맙다

정읍 아리랑

아리랑 아리랑 아라리요
정읍에는 내장사와 내장산이 있고
최치원의 무성서원과 정극인의 흔적
그리고 정읍사 백제 가요가 있다네
아리랑 아리랑 아라리요

칠보 구둘재 고개를 넘어가면
망경대와 구절초 출렁다리
옥정호가 있고
아래에는 칠보 수력 발전소와 동진강이 흐르고 있다네

내장산

매년 가을이면
산을 좋아하는 도시인들이 내장산으로 모인다
단풍 터널의 붉게 물든 애기단풍들이 있다

감나무에는
감이 주렁주렁 열려
땅으로 열매가지가 처져 손에 닿을 듯
내장산 서래봉 큰 바위에 오르면
내장산 아래 단풍미인 쌀농사
넓은 황금 들판이 보이고
내장 저수지가 보이며
정읍사 공원도 보인다

칠보 발전소

구둘재 굽이 굽이돌아
산 위에서 두 줄기 물이 수통 안에서
세차게 폭포되어 흐르면
그 물의 힘으로
수력 발전소 전기는 풍년이 들었다네

육이오 한국전쟁 때
고등학생 학도병으로 자원한 아버지는
추운 한겨울밤 차가운 동진강을 건널 때
바지와 신발은 얼어서 버석거리는데도 참고
행단 부락으로 가서 밤새워 인민군을 몰아내고
십대 소년은 칠보 발전소를 지켰다네

이방인

북유럽 자유 시간이 주어져서
핀란드 헬싱키 역으로 걸어가
대합실의 기차 시간표가 적힌 전광판을 바라보니
러시아 모스크바행 시간표
쌍트페테르부르크의 시간표가 눈에 들어온다

기차를 타고
쌍트페테르부르크로 가 보고 싶은 생각에 잠겨있는데
그때 역으로 기차가 들어온다
잠시 주변을 둘러보니
주위는 모두 파란 눈의 서양인들 뿐
동양인은
나 혼자 덩그라니 서 있는 이방인이라는 생각에
갑자기 기분이 묘해져서 이방인은 부지런히 서둘러서
우리 한국인 일행이 있는
헬싱키 항구로 발걸음을 재촉한다

갈 수 없는 곳

북한의 금강산을 선박으로 가고
이듬해는 현대아산 관광버스 타고 금강산으로 갔다
울창한 나무가 즐비한 비무장지대 길 따라
육로로 버스 타고 달려서
금강산 구룡폭포까지 등산을 했는데
지금은 북한 여행길이 막혀 우리는 갈 수 없는 곳

몇 년 전
러시아 상트페테르부르크 미술관에 그림을 전시해 놓고
버스 타고 세 시간 동안
러시아 자작나무 길을 따라
핀란드 헬싱키까지 가서 구경 후
러시아 버스로 다시 돌아왔다

우크라이나와 러시아 전쟁은
삼 년이 지났어도 아직도 전쟁 중이니
지금 세계인은
러시아 여행도 갈 수 없는 곳이다

몇 년 전 신부님과 신자들이 함께 다녀온 이스라엘
갈릴리 호수의 언덕 작은 성당부터

요단강과 사해를 지나 예루살렘까지
이스라엘 여러 성당에서 미사를 했다
2023년부터 시작된 이스라엘과 하마스 전쟁으로
이스라엘도 세계인이 갈 수 없는 곳이 되었다

목민심서의 산실

남도의 월출산 맞은편
들길 따라가다
산으로 오르면
다산 정약용의 목민심서 집필실
그분의 외로움이 묻어나는 작은 집이 나온다

산기슭에 자리한 목민심서의 산실
산속 낡은 작은 집 마루에 걸터앉아
그 당시를 회상한다
조그만 마당이 정갈하다
다시 조금 더 올라 정자에 앉으면
소나무 사이로
들판에 솟아있는 월출산이 멀리 보이고
강진의 바다가 보인다

그 바다를 바라보며
다산은 갈 수 없는
먼 고향을 그리워했을 것이다

봄비

이제는
개나리 살구꽃도 없고
떡잎도 없네
밤새 내린
봄비에
봄 꽃 떠난 자리에 개나리 푸른 잎이 피었네

물방울 머금고
꽃잎의 미소짓는 모습에
봄비처럼 덩달아 웃었네

호수

큰 캠퍼스 안의 일감호
호수 일감호 위에 거위 두 마리
한가로이 나란히 두발을 뒤로 저으며 헤엄쳐 간다

흰 거위 한 마리보다는
두 마리라서 더 보기 좋다
남이 보기 좋도록
나도 남편과 함께 나란히 길을 걸어야겠다

아호

바다 海
빛날 華
그래서 해화라는 나의 아호
이십 대 초반 서예학원 스승
서예가인 양전 선생님께서 지어 주신 아호이다

수십 년이 지나고
서양화가와 시인으로 활동하면서
그때는 몰랐는데
지금 한자의 뜻을 다시 보니
참 좋은 단어다

지금도 아호를 해화로 사용하고 있는데
그 선생님은 생존해 계실까

눈물

요양병원의 어머니가 하늘로 가시기 한 달 전
부모님은 두 분이 다른 병원에 각각 입원해 계시다가
어머니 가시기 칠 일 전
아버지는 퇴원 후 집에 계셨다

어머니 장례식 날 눈물 흘리던 아버지
지금은
요양병원에 계시는 아버지
고향 집에 가고 싶다고
아들에게 전화하실 때도 있다

아버지
간식과 반찬도 보내 드릴께요
그리고 문병 갈께요
얼마 후면 고향 집으로 가실 수도 있을 거예요
사랑해요

꽃

길가에 피어 있는 작은 잡초의 꽃
농민이 밭에서 뽑아 내는 잡초에 붙은 꽃
화단의 장미 목련화 모란
등나무 오동나무 홍매화 감꽃

땅을 딛고 사는 모든 식물은
꽃을 피운다
열매를 맺기 위한 그 꽃은
모두가
눈부시게 아름답다

생명

지난 여름 태풍과 장마에 휩쓸려 쓰러진
탄천의 큰 버드나무 한 그루 이듬해 봄이 되니
쓰러진 버드나무 가지에는
새싹이 돋아
그대로 누운 채로 무성한 잎을 피우며 살아가고 있다

이십 대 탈북 여성 생애 담

북한 고난의 행군시기 엄마의 사망으로
북에서 가정 형편은 어렵고
직장에서의 부적응
배급뿐인 작은 직장으로 옮긴 그녀의 아버지
아버지의 재혼
몇 번씩이나 새어머니를 데려오며
아버지와 심한 갈등 겪었다

새어머니와 갈등의 연속
십 대에 소녀 가장 되어 장마당에서 장사하다가
세 살 아래 여동생이 성장하자
그 동생에게 장사 넘긴 후
아버지와 갈등도 피할 겸
중국에 가서 많은 돈 벌려고 장춘으로 갔다

다시 홀 홀 단신 한국으로 탈북
한국의 대안학교부터 공부하여
아르바이트로 대학 마치고
로스쿨 준비 중인 북에서 온 당찬 여성
그녀는 분단 칠십 년의 결과물이다
분단과 이산의 트라우마 벗어 버리고
꿈 이루길

이십 대 조선족

30년 전의 중국은
우리와는 단절되었던 국가
그의 부모는 중국의 사회주의를 어떻게 견디었을까

디아스포라의 운명
그녀의 부모세대는
조국에도 올 수 없었던 삶
그리고
디아스포라 조선족 이 세

그녀는
이제 한국에도
마음대로 오고가는
한국 유학생으로 얼마 후면 박사가 된다

기차역

엄마 사랑의 기차역
45년 전
첫 아이 갖은 만삭의 딸
환송하러 먼 거리 정읍 기차역에서
서울행 기차가 떠날 때
손을 흔드시던 엄마 모습

지금 내 아들 나이가
그때 엄마 나이가 되었다
엄마는 육 개월 전 92세에
시월의 끝자락에 하늘로 가셨다

정읍 역에서 손을 흔들던 엄마는
지금도 내 마음 속에 살아계신다
엄마 사랑해요

고맙다 한강

302번 파란색 시내버스
잠실대교를 건널 때
한강 다리의 불빛과 물그림자가 강물에 영롱하다

서울에 한강이 있어서
숨이 막히지 않으니
한강아 고맙다
서울에 만약 한강이 없었다면
그 자리에도 고층빌딩이 촘촘하게 들어서 있을 것이다

지금 어디

태양은 동에서 서로 가고
아니 태양은 그대로이며
지구가 자전을 하고 있다
태양으로 볼 때
지금 나는 중천을 지난 후
서쪽 하늘을 향해 조금씩
어느 정도 가고 있다

육체는 지구 되어 태양 주위로 자전과 공전을 하며
서쪽으로 향하고 있지만
마음만은 태양처럼 젊음의 그 자리
그 곳에 머물러 있다

금강산을 두 번 가다

동해에서 배 타고
북으로 중간쯤 가니
북한의 배가 마중 나와
우리가 탄 배를 호위해준다
북한 땅에 도착하니
어린 군복의 군인들이 서 있다

해금강 호텔에서 묵으며
북한 사람이 청소해 준 방에서 자고
북한 사람이 해 준 밥을 먹고
그들이 해 준
평양냉면을 점심으로 먹고
서커스 공연도 보았다

금강산 오솔길 따라 오르고 올라
구룡연에 도착하니
기암괴석의 좁고 뾰족한
기이한 바위산 위의
굽은 소나무가 반긴다
한반도의 금강산은 그대로인데
이제야 발을 딛게 되고

그 길 터 준 것에 감동되어
몇 달 후 다시 당일로
육로 따라 울창한 숲 길
칡넝쿨이 넘실대는
비무장지대 버스로 달려
금강산에 다시 올랐다

이슬비가 내리고 있었지만 아랑곳 않고
키 큰 소나무 길을 거쳐서
금강산 숲 길 따라 작고 굽은
소나무를 보며 흥분하고 금강산 좁은 산길 오르면
비취빛 계곡 물이 반긴다
구룡폭포 앞에 잠시 앉아
통일의 생각에 잠긴다

5부

삶의 여정

파크 골프

하늘을 향해 굿 샷 푹신한 잔디밭을 누비며
작은 공을 날리던 그 시절이 그립지만
코로나 19로 운동 팀은 사라지고
모이기 어려워져
구석에서 잠자고 있는 작은 골프공을 보며
가끔씩 안타까웠다

다행히 요 근래 공원에는
작은 파크 골프 구장이 만들어져
파크 골프로 공놀이 하고 싶은 갈증이
조금은 해소되었다
나의 두 발로 걸을 수 있는 그 날까지
땅 위의 잔디를 밟으며
둥근 공 너와 함께 하리라

묵상

무겁고 커다란 성당의 문을 열고 들어서는
평일의 성당 안
드높은 천정과 함께 고요하다
주님과 나와 만남의 시간이 된다
화려하게 빛이 들이치는 스테인드글라스에
적당한 햇빛이 들어와 기도하기 좋아서
일상을 돌아보고 소원도 빌어 본다

평정이 다가오면 일어나 돌아서서
기도하던 마음의 문을 닫고
조용히 성당의 육중한 문도 닫으며
평범한 일상으로 돌아간다

삶의 여정

경영학 전공과 부동산학 공부
그것은 부와 관련이 있다
중년 말에 건강에 이상이 와서
이제는 마음을 내려놓으려고 詩와 그림을 시작했다

어느 수준에 도달하자
글쓰기와 그림 작업에 휩싸이며
문학과 예술 창작의 고통이 오기도 한다
이제는 인문학 공부와 운동시간을 늘리며
삶을 살아간다
미래에는 어떤 삶의 여정에 맞출지는
그때 가 봐야 알 수 있다

노르웨이

산 산 산
높고 웅장하고
끝없는 산 아래에는 물 물
툰드라를 지나면
빙하의 긴 폭포 줄기가 흐르고
옆의 바위에서도 폭포가 눈물을 흘린다

오랜 세월 빙하가 흘러 바위를 깎아 내어 조각한
노르웨이의 큰 조각품 바위산 규모에 놀란다
너무 험해서 오를 수 없는 산은
산이 아니고 그저 눈요기이지
웅장하지는 않아도 능선이 둥글고 부드러운
한국의 산에 오를 생각에
노르웨이의 산과 물을 뒤로 하고
뛰는 가슴을 안고
귀국길에 올랐다

천국 문

천국 문 아래에
사람들이 지상에서 줄을 서 있습니다
아니
서 있어야 한다고 절대자가 말합니다

나는 중간쯤에 서 있을 수도 있습니다
그런데
뒤로 자꾸 새치기해서
다시 뒤로 가고 싶어집니다
오래오래 더 살고 싶기 때문입니다

뭉크의 나라

북극해 상공을 날아서
뭉크의 나라 노르웨이로 가니
칠월인데도 그곳은 가을이다
백야로 새벽 두 시에도 창 밖은 밝아
숙소 창문 앞 나뭇잎이 붉은 저녁노을에 비쳐 모두 붉다

뭉크의 대표작인 공포 작품의 주인공과 배경
그가 왜 붉게 채색을 했는지 몰랐는데
서양화가인 나도
노르웨이의 백야를 보고 난 후에야
그를 이해할 수 있었다

안데르센

그를 앤더슨이라고도 한다
인어공주 동상이 코펜하겐 바닷가에 앉아 있다
물가의 둥근 돌이 미끄러워 조심조심 내려가서
사진 한 컷 찍는다

시청사 옆의 그의 동상에서도 관광객이 사진을 찍는다
덴마크 제2의 도시
그의 고향 오르후스에는
안데르센 공원과 그의 고향 집이 있다

박물관에는 그의 족적이 고스란히 남아 있고
세계의 어린이들은
동화책을 통해 그의 이름을 알고 있으니
안데르센은 덴마크의 상징이다

스톡홀름

과학자 노벨은 인류평화를 위해
다이너마이트를 발명했지만
제국주의가 전쟁에 사용하는 안타까움에
인류평화 위해 노벨상을 만들었다
스웨덴 스톡홀름 시청사 안에서
노벨상 수상식을 하고 있으니
그의 뜻을 이룬 셈이다

시청사 안을 관광객이 되어 둘러보며 느낀다
세계에서도 출판을 가장 많이 하는 한국
이제는 한국에서도
노벨문학상 수상자가 나왔으면 하고
잠시 화살기도를 했다

바이킹 크루즈

바이킹 후예의 나라
스웨덴 항구에서
바이킹 라인 신데렐라 크루즈에 몸을 싣고
18시간 동안 견딘다
대부분 서양인들이 많이 있는
선상 뷔페를 마치고
면세점과 댄스홀도 구경한 후
숙소로 왔다

바다 어느 지점에서부터인가 배가 흔들려
멀미약을 먹고 잠들었는데
일어나보니 헬싱키 항구였다
노르웨이의 높은 산과 길 관광을 마치고
북유럽에 온 후
모처럼 깊은 잠을 선물 받았다

죽림리에서

입추가 되었지만
무더위는 계속되고
진도의 바닷가 농어촌마을 죽림리

이른 아침에도 해만 뜨면 무더위가 휘감고
바다로 가는 새벽 산책길에 멀리 보이는 산비탈
등 굽은 노파가 밭에서 일을 하고 있다
등에는 노란 농약 통을 메고서

드론

논 물꼬에는 물이 흐르며
어린 벼 이삭은 꼿꼿하게 줄 서 있고
바람에 벼 이삭이 출렁이며 파도친다
농부가 트럭에 농약 통을 서너 개 싣고
농로에 서서 드론을 조작하면
드론은 차례차례 윗논 아랫논
순서대로 수십 분 만에
농약을 골고루 뿌린 후 드론이 제자리로 돌아온다

기계로 심은 벼는
일정한 간격으로 나란히 줄 서 있다
노르웨이 중부에 갔을 때
산도 많고 물도 많은
그곳에서
밥 대신 감자만
삼 일간 먹었을 때
한국의 쌀밥이 얼마나 그리웠던가

태풍

태풍이 일본에서
북상 중이라고 한다
장마보다 차라리 무더위가 그립다
진도 문학의 집에서의 더위에도
이른 아침과 해질녘
산책을 갈 수 있지만
태풍과 장마는
낯선 곳에서 나를 꼼짝 못하게 한다

하루만 쏟아져도
여지없이 뉴스에
물난리 소식이 올라오니
태풍에는 실내에 있어야만 마음이 편하다

문학의 집

詩 쓰고 스케치하며 하루를 보낸다
죽림리 초등학교 분교는 십년 전 폐교되고
그 자리에 시화 박물관 섰으니
그 나마 졸업생들은 위안이 되리
폐교 후 건물이 흔적 없이 사라졌다면
그들의 허한 마음 어찌 했을까

어린이가 뛰놀던 산중의 학교는
문학의 집이 되어 문인들이 오간다
중년의 시골 남성 농부는
승용차나 트럭으로 이동하지만
동네의 허리 굽은 할머니들은
하루 네 번 소재지와 읍내 오가는
문학의 집 앞 버스 정류장에
둘 셋 모여 수다 떤다
병원 가는 이야기
시장 보러 가는 이야기
자매 따라 십 년 전
친정 마을 근처로 와서 살다가
일 년 전 하늘로 간
직업군인 남편 이야기

남편은 먼저 갔지만 혼자 죽림에서 살겠다는
칠십 세 미망인
본인 사망 후에는
대전 국립묘지로 부부가 함께 가겠다는
미망인의 이야기까지

나는 그들과 정류장 의자에 앉아서
그들의 이야기를 듣는다
버스 시간보다 미리 나온
할머니들의 수다가 익어 가면
초록색 버스가 언덕 너머로 보이고
버스는 탐리를 지나
꼬불꼬불 산길 따라 임회면 도착하면
할머니들은 모두 차에서 내리고
버스에는 운전수와 혼자만 남는다

진도 읍내에서 운림산방 버스 갈아타고
삼별초 공원 지나
소치 허련 일가 오대 손의 작품을 본다
서양화가 눈으로 본 소치그림
곡식으로 치면 아주 잘 여문 낱알처럼

통실 통실한 그림과 한문이 한눈에 들어온다
소치 허련이 남도의 대가임을 느끼며
허씨 일가의 업적을 본 후 문학의 집으로 돌아갔다

툰드라

노르웨이 산위 평지 툰드라
버스가 산을 올라간 만큼
굽은 산길 따라 내려가면 폭포다
툰드라는 평평한 정상 같지만
겨울에는 흰 눈으로 가려져 있었을 것이다

작은 식물과 파란 이끼무리
눈이 녹은 흔적의 물웅덩이
남은 흰 눈이 곳곳에 있다
툰드라 평지에서는 풀은 자라지만
평평한 툰드라의 땅 속 기온은 영하이다

국경선

우리 한국은 섬
외국의 국경선은
감회가 새롭고 부럽기까지 하다
노르웨이 오슬로에서 숲길 따라
버스로 한 시간 반을 달리면
스웨덴과 노르웨이 길이 하나로 뻗은 곳에
국경선이 있다

국경의 작은 면세점에서 자유롭게
작은 쟁반 두개와 종을 사고
육로의 국경선을 마음껏 즐기며 걷고 휴식도 한다
우리 한국 땅도
이런 육로 국경선을 넘어 러시아를 거쳐서
핀란드까지 갈 수 있는 그날이 오기를 고대한다

솔 비치

진도 솔 비치 위의 언덕
작은 야생화가 피어 있고
삼 년 전 엄마 구순기념 여행 때 솔 비치에서 머물렀다
남동생과 부모님 넷이서
부모님의 휠체어 밀고 이 언덕에 올라왔었다

넷이 함께 사진 찍었던 의자에 앉아
부모님 생각하며 사진 한 컷
엄마는 일 년 전에 하늘로 가셨다
그날의 솔 비치와 오늘의 솔 비치는 달리 보인다
진도 솔비치 앞 바다가 갈라지는 시간
갈라진 백사장을 걸었다

부모님과 동행 때는 해남 여행일정으로
바다 나갈 시간이 없었다
이번에는 여유롭게 바다 산책도 하고
갈라진 바다 길에 있는
중년 어부의 배 위에서
소라 네 개를 구입 후 부모님 생각하며
문학의 집으로 혼자 돌아왔다

주말농장

십오 년 간 다섯 평의 주말농장 텃밭을 일구며
채소는 그곳에서 조달하고
치커리와 상치가 남을 때는 이웃에게도 주었다

먹는 식재료 한 가지도
생산하지 못하면서
농부와 토지 물 햇빛이 수고한 농작물을
시장에서 구입하여 식탁에 올리는 게
자연과 농부에게 미안해서
스스로 상치 치커리 무우 배추 옥수수
고추 가지 들깨 등을 길러서 먹었다

땅에 뿌린 씨앗의 새싹
그 자라의 모습은 경이로움이었으며
오히려 주말농장의 식물이
내게 많은 행복감을 주었다

지구 한 바퀴

한여름 북유럽 여행길
기내에서 비행하는 항로 지도를 보니
서쪽으로 갈 항공기가 동쪽 센다이로 가고 있었다
납치된 건가
불안하고 걱정이 되었다

항로 지도를 가끔씩 지켜보며
불안은 계속되고
지나가는 스튜어드에게 물으니
러시아와 우크라이나가 전쟁 중이라서
이번 항로가 그렇다고 했다

전시중인 러시아 영공을 피해서
핀란드의 핀 에어는
일본 센다이를 거쳐 베링해로
알라스카 앵커리지의 베링해협을 거쳐 북극해를 지나
무사히 헬싱키에 도착
안도의 순간이 오고
덴마크 노르웨이
그리고 스웨덴 핀란드 여행을 잘 마쳤다

귀국 할 때는 헬싱키 공항 이륙 후
폴란드와 고비사막 북경을 지나서
인천 공항에 착륙
올 여름에는
가을 날씨인 북유럽 피서로
한국을 거점으로 지구의 동에서 서로
비행기를 타고
지구 한 바퀴를 돌고 집으로 왔다

◆해설

시대에 울림을 주는 이명림 시의 폭넓은 스펙트럼

정연수
(시인, 문학박사)

여행은 세상을 향해 마음을 내는 창문이다. "한국을 거점으로 지구의 동에서 서로 비행기를 타고/지구 한 바퀴를 돌고 집으로 왔다"(「지구 한 바퀴」)는 체험처럼, 이명림 시인은 세계를 돌아보면서 견문을 넓히고, 그 지혜들을 시에 용해하고 있다. 세계를 보는 시각을 확장하고, 인류의 보편적 가치에 대한 통찰을 제시하고 있다. 여행을 통해 세계에 대한 인식을 확장하는 체험은 다양한 방식으로 이어진다. "몇 년 전 신부님과 신자들이 함께 다녀온 이스라엘/갈릴리 호수의 언덕 작은 성당부터/요단강과 사해를 지나 예루살렘까지/이스라엘 여러 성당에서 미사를 했다/2023년부터 시작된 이스라엘과 하마스 전쟁으로/이스라엘도 세계인이 갈 수 없는 곳이 되었다"(「갈 수 없는 곳」)는 구절에서 여행시의 기술 방식이 드러난다. 시인은 '과거'의 구체적인 여행 체험을 진술하면서, '현재'의 세계정세를 빗대어 조명함으로써 독자들이 쉽게 공감하고 이해할 수 있게 이끈다. 장소가 품고 있는 '과거-현재-미래'를 모두 담아내는 방식으로 풀어가고 있다. 과거의 장소가 시인의 여행지였다면, 현재의 장소는 이스라엘-하마스의 전쟁터로 변해 있다. 따라서, 시인은 미래의 장소를 제시하면서 '세계인이 여행지로 가야할 곳'으로 환원시켜줄 것을 주문하는 것이다.

　여행시의 보고라 불릴 정도로 국내와 세계의 주요 장소를 다룰 뿐 아니라, 자연이나 삶에 관한 주제의 스펙트럼이 넓다. 「산새」와 「열매」를 통해 자연과 인간의 조화로운 공존을 노래하고, 「아버지」와 「어머니」에서는 가족 간의 정과 삶의 애환을 섬세하게 그려낸다. 「사람」과 「맨발」은 사회와 인간 본질에 대한 깊은 성찰을 담아내며, 「이십 대 탈북 여성 생애담」과 「칠보 발전소」에서는 분단의 비극과 이산의 아픔을 통해 통일에 대한 염원을 표현한다. 「생명」은 생명력의 강인함을 예찬하고, 「빠름의 시대」는 현대 사회의 고독과 소외를 예리하게 포착한다. 이처럼 이명림 시인의 시적 지평은 실로 광범위하며, 그 안에서 인간 삶의 다양한 면모를 깊이 있게 탐구한다. 이 글에서는 자연과 인간의 공존, 일상의 삶과 가족, 사회적 성찰과 역사적 교훈에 주목하여 살펴보고자 한다.

　근처의 흔들의자
　나는 봄 햇살 아래 앉아서 다리를 흔들고
　산새는 나무에 앉아 꼬리를 흔든다

얼마 전까지만 해도
　　하늘이 보이는 앙상한 겨울나무 가지와
　　도로의 차량 소음만 들리더니
　　이제는 나뭇잎에 소음은 가려지고 새들의 대화 소리가 들려
　　온다

　　새들의 각각 다른 대화소리
　　가까이에서 멀리에서 들려오는 새소리에 귀 기울이면
　　마음은 자연에 섞여 한결 더 편안해진다
　　　　　　　　　　　　　　　　　　　－「산새」 전문

　새소리에 귀 기울이며 자연과 하나가 되는 편안함을 전하는 작품이다. 자연과의 교감을 통해 현대인의 삶에서 잃어버린 평온을 회복하는 과정을 그리고 있다. "근처의 흔들의자/나는 봄 햇살 아래 앉아서 다리를 흔들고/산새는 나무에 앉아 꼬리를 흔든다"라는 구절에 드러나듯, 흔들의자에 앉아 봄 햇살을 받으며 느끼는 휴식은 마음의 평화를 향한 자연의 소리이기도 하다. 이는 현대인들이 자연 속에서 치유의 길을 찾아나선 방향을 가리킨다.

　"앙상한 겨울나무 가지와/도로의 차량 소음만 들리더니/이제는 나뭇잎에 소음은 가려지고 새들의 대화 소리가 들려온다"라는 구절은 나뭇잎이 자라 소음을 가리면서 새들의 노랫소리가 들리는 것에 대한 자연환경의 섬세한 관찰이자, 자연이 주는 위대한 선물에 대한 인식이기도 하다. 새소리에 귀 기울이는 동작은 자연에 깊이 몰입하는 삶의 상징이며, 세속에 부대끼던 마음은 평안

을 얻으며 치유를 획득한다. 「산새」는 자연이 주는 평온과 치유의 경험을 간결한 언어로 섬세하게 묘사하는 수작이다.

"차량 소음"에서 "새들의 대화 소리"로 전환하는 과정은 자연과의 교감이 깊어지는 상황을 드러낸다. 현대 사회의 스트레스와 소음으로부터의 탈출구를 제시하는 것이기도 하다. "귀 기울이면"이라는 구절은 단순히 듣는 것이 아닌, 적극적으로 자연의 소리에 집중하는 행위이다. 이는 명상적 태도이자, 자연과 깊은 교감을 위한 필수적 자세가 무엇인지를 보여준다. 「산새」는 단순한 자연 묘사를 넘어, 자연과 인간의 관계, 그리고 그 관계 속에서 찾을 수 있는 내적 평화와 조화에 대한 깊은 통찰을 제공한다. 현대인들이 잃어버린 자연과의 연결성을 회복하는 생태주의적 메시지가 담긴 것이다.

"얼마 전까지만 해도"와 "이제는"이라는 표현이 환기하듯, 겨울에서 봄으로의 시간적 전환은 자연의 순환과 생명력을 암시한다. 또 다른 시 "쓰러진 버드나무 가지에는/새싹이 돋아"(「생명」)라는 작품에서도 생명의 강인함과 순환성을 보여준 바 있다. 이는 노장철학의 무위자연 사상과 연결되며, 인위적 노력 없이도 자연스럽게 이어지는 생명의 힘을 찬미한다. 동시에 이는 인간 삶의 역경과 회복에 대한 은유로도 읽힐 수 있다.

길가에 피어있는 작은 잡초의 꽃
농민이 밭에서 뽑아내는 잡초에 붙은 꽃
화단의 장미 목련화 모란
등나무 오동나무 홍매화 감꽃

땅을 딛고 사는 모든 식물은
꽃을 피운다
열매를 맺기 위한 그 꽃은
모두가
눈부시게 아름답다

-「꽃」 전문

　세상의 모든 존재를 평등하게 바라보는 생태주의적 시선을 담은 작품이다. 잡초라고 불리는 식물과 화려한 정원의 꽃을 나란히 배치하여 대비시키면서 모든 식물이 본질적으로 동등하다는 메시지를 전달하고 있다. "땅을 딛고 사는 모든 식물은/꽃을 피운다"라는 단언적 진술을 통해 모든 생명체가 지닌 존재의 가치와 동등한 생명의 본질을 드러낸다. "열매를 맺기 위한 그 꽃"이라는 구절은 꽃의 생물학적 목적이라기보다, "아름답다"에 이어지면서 자연의 가치와 생태미학을 함께 보여준다. '잡초'라고 부르는 인간 중심적 시각에 대한 반성을 선명하게 담아냈다. 짧고 간결한 시행이지만, "모두가/눈부시게 아름답다"라는 선언적 진술 속에 담긴 메시지는 깊고도 강력하다.

　생태시로 볼 수 있는 작품으로는 「보금자리」와 「열매」를 빼놓을 수 없다. "딱따구리는 급하게 나무에 신혼집을 짓고 있으며/도시에서는 아파트가 지어지고 있다"(「보금자리」)는 구절은 많은 내용을 함축하고 있다. 집을 짓고 살아가는 인간의 모습과 딱따구리를 일체화시키는 것이자, 자연을 침범한 인간 문명을 비판하는 중의적 의미를 담았다. "늦가을 나무는 겨울을 재촉하는/가을비를 맞으며/은행 열매가 열리더니 이제 땅으로 떨어졌다//그런데 떨어진 곳이 하필이면/콘크리트 바닥이라/열매가 그곳에서는/결코/싹을 틔울 수 없으리라"(「열매」)는 구절은 인간의 콘크리트 때문에 싹을 틔울 수 없는 은행나무의 비극을 다루었다.

> 구순의 아버지는/정신 줄을 약간 놓기도 한 적이 있으며/언제나 당당했던 아버지는/이제 등이 굽었습니다//(중략)//이제는 집에서 지내시며/주야간보호센터에서 친구들과 바둑을 하십니다
>
> ―「아버지」 부분

노년기에 접어든 아버지의 모습을 통해 인생의 변화와 노화의 과정을 섬세하게 그린 작품이다. "구순의 아버지"를 통해 유한의 존재가 지닌 시간의 숙명을 드러낸다. "정신 줄을 약간 놓기도 한 적"이라든가, "이제 등이 굽었습니다"라는 구절은 노화의 상태이자, "언제나 당당했던 아버지"의 과거와 대비시키면서 인생의 변화를 보여준다. "주야간보호센터에서 친구들과 바둑을 하십니다"라는 구절은 노년기의 새로운 일상이자, 삶에 대한 긍정의 자세이기도 하다.

「아버지」는 시인이 감정 표현을 내적으로 응축하면서, 아버지의 변화된 모습을 객관적으로 묘사함으로써 독자가 그 감정을 느끼도록 이끌고 있다. 아버지의 일상을 통해 인생의 변화에 대해 통찰하는 기회를 제공한다.

또 다른 시에서도 사람의 노년을 다룬 바 있다. "삶의 종말이 슬프고 아프다//아무도 모르지만/누구에게든 삶

의 끝은 있다/인간 모두가 자신의 종말이 두려워서/사람의 인생 끝을 외면하고 살아간다"(「사람」)라는 구절을 통해 유한 존재의 실존을 자각하도록 이끈다. "누구에게든 삶의 끝은 있다"는 메멘토 모리(Memento mori, 죽는다는 것을 기억하라)의 선언이 참으로 진지하다.

> 하늘로 돌아가신 어머니/이승에서 저승으로/더 넓은 우주로/어려운 코로나시기에 이사 가셨다//(중략)//긴 세월 흐른 후/언젠가는 우주의 어머니 집들이에 자녀들이 초대될 것이다//(중략)//가신 어머니가 그리워서/자녀가 흘린 눈물이/고향 집 앞 도랑물에도 섞여 흐르고 있다
> —「냇물」 부분

> 일제 강점기에 태어나/일본인 교사의 한글사용 금지령에/학교에서는 일본어로 수업하고/집에서 몰래 한글 깨우치고/나이 이십에 결혼//고등학생 남편 뒷바라지하며/시조부와 시부모님 모시고/식민지 겪으며 해방 몇 년 후/첫아이 출산하던 해/육이오 전쟁이 일어나고/고등학생 남편은 학도병으로 자원하고/몇 년 후 전쟁 휴전/어려움 속에서 칠 남매 낳아 길렀다//선진국이 된 이후/엄마의 냉장고 안에는/우유와 계란은 항상 있었고/핸드폰도 사용하시며/불편한 몸으로 집안일을 하시다가/구순에 하늘로 가신 엄마는/한국 현대사의 아픔과 번영을/모두 겪고 하늘로 가셨다
> —「나의 어머니」 전문

「냇물」은 어머니에 대한 상실감과 그리움을 자연 이미지와 결합하여 표현한 작품이다. "이승에서 저승으로/더

넓은 우주로"라는 구절은 죽음을 여행이라는 긍정적인 이미지로 표현하고 있다. "언젠가는 우주의 어머니 집들이에 자녀들이 초대될 것이다"라는 구절은 죽음 이후의 재회에 대한 희망으로 절절한 그리움을 드러낸 것이다.

「냇물」이 어머니에 대한 그리움을 담은 사모곡이라면, 「나의 어머니」는 한 여성의 삶을 통해 한국 현대사의 흐름을 보여준다. 일제 강점기, 한국전쟁, 보릿고개의 가난을 지나 현대 한국의 선진국 시기까지를 압축하여 보여준다 "엄마는/한국 현대사의 아픔과 번영을/모두 겪고"라는 구절이 어머니의 삶을 상징한다. 어머니의 개인적 경험은 한국 역사의 주요 사건(일제강점기의 한국어 금지령, 한국전쟁기의 학도병)들과 맞물리고 있다. 시조부와 시부모님까지 모셔야 했던 한국 여성의 고충도 드러난다. 어머니의 어린 시절을 통해 현대사의 고난을 드러내면서도 먹을거리로 가득 찬 냉장고와 핸드폰을 사용하는 노년기의 대비를 통해 한국 사회의 발전까지 담았다. 이는 어머니 세대의 희생과 공헌을 기리는 방식이기도 하다.

우리 한국은 섬과 같다
외국의 국경선은
감회가 새롭고 부럽기까지 하다
노르웨이 오슬로에서 숲길 따라
버스로 한 시간 반을 달리면
스웨덴과 노르웨이 길이 하나로 뻗은 곳에 국경선이 있다

국경의 작은 면세점에서 자유롭게

작은 쟁반 두 개와 종을 사고
육로의 국경선을 마음껏 즐기며 걷고 휴식도 한다
우리 한국 땅도
이런 육로 국경선을 넘어 러시아를 거쳐서 핀란드까지
갈 수 있는 그 날이 오기를 고대한다
　　　　　　　　　　　　　　　　-「국경선」전문

"한국은 섬과 같다"는 인식은 휴전선으로 막힌 국경선에서 나왔으며, 한국의 고립된 이데올로기 상황을 암시한다. "스웨덴과 노르웨이 길이 하나로 뻗은 곳에 국경선이 있다"라는 유럽의 국경을 통해 한국의 현실과 선명하게 대비시킨다. 분단되어 갈 수 없는 "우리 한국 땅"은 자유롭게 국경을 넘나드는 유럽의 현실과 대조를 이룬다. "노르웨이 오슬로에서 숲길 따라/버스로 한 시간 반을 달리면"이 전달하는 체험이 국경선의 답답한 비극을 강화한다. "국경의 작은 면세점에서 자유롭게" 다닌 체험은 개방된 국경이 전하는 자유와 평화의 상징이자, 한국의 통일을 향한 열망이기도 하다.

일천 구백오십 삼 년 칠월/많은 상처를 남기고 전쟁은 멈추었지만/한반도의 허리가 잘린 채 고통스럽게/칠십 년 이상이 흘렀다//백두대간의 산신령이여 하늘의 절대자여/독일 베를린의 장벽이 무너지듯/어느 날/우리도 남북으로 갈라진 철조망/휴전선이 무너지게 하소서//그리하여/분단 트라우마가 소통 치유 통합을 거쳐/백두에서 한라산 백록담까지/한민족 배달의 겨레가 하나가 되고 동방의 빛이 되어/지구촌이 자유와 평화를 함께 누리게 하소서
　　　　　　　　　　　　　　　　-「한국」부분

이 작품은 남북 분단과 철조망 휴전선을 무너뜨리고 싶은 소망을 표현하고 있다. 백두대간의 산신령과 하늘의 절대자에게 남북 분단의 철조망이 무너지기를 간청하는 기도는 전쟁과 분단이 남긴 깊은 상처와 함께 통일에 대한 강렬한 염원이 담겨있다. 베를린 장벽의 붕괴에 빗대어 한국에서도 그런 기적이 일어나기를 기원하는 것이다. 남북한을 가르는 철조망 휴전선이 사라져 한반도가 하나가 되기를 기원하는데, 이는 "분단 트라우마가 소통 치유 통합을 거쳐" 극복되길 소망하는 것이기도 하다. "한반도의 허리가 잘린 채 고통스럽게/칠십 년 이상이 흘렀다"라는 구절은 분단의 지속성과 그로 인한 민족의 고통을 적나라하게 드러낸다. 이는 단순한 역사적 사실을 넘어, 집단적 트라우마로 작용하는 분단의 심리적 영향을 암시한다. 통일담론은 우리 사회의 시대적 과제이자, 지식인으로서의 작가가 지속적으로 관심을 가져야할 주제이다.

북한 고난의 행군시기 엄마의 사망으로
북에서 가정 형편은 어렵고
직장에서의 부적응
배급뿐인 작은 직장으로 옮긴 그녀의 아버지
아버지의 재혼
몇 번씩이나 새어머니를 데려오며
아버지와 심한 갈등 겪었다

새어머니와 갈등의 연속
십 대에 소녀 가장 되어 장마당에서 장사하다가

세 살 아래 여동생이 성장하자
그 동생에게 장사 넘긴 후
아버지와 갈등도 피할 겸
중국에 가서 많은 돈 벌려고 장춘으로 갔다

다시 홀홀단신 한국으로 탈북
한국의 대안학교부터 공부하여
아르바이트로 대학 마치고
로스쿨 준비 중인 북에서 온 당찬 여성
그녀는 분단 칠십 년의 결과물이다
분단과 이산의 트라우마 벗어버리고
꿈 이루길

-「이십 대 탈북 여성 생애담」 전문

이 시는 분단과 이산으로 인해 형성된 한 여성의 삶을 통해 북한 탈북민의 현실과 희망을 섬세하게 그려내고 있다. 분단의 아픔이 남긴 상처를 극복하고 새로운 삶을 향해 나아가는 여정을 담담하게 보여준다. 혈혈단신(孑孑單身) 탈북의 길을 걷는 그녀는 "당찬 여성"이란 시어를 통해 강인한 의지를 지닌 인물로 형상화된다. "그녀는 분단 칠십 년의 결과물"이라는 구절은 개인의 삶이 역사적 맥락과 얼마나 깊이 연결되어 있는지를 잘 보여준다. 탈북을 계기로 "분단과 이산의 트라우마"를 벗어나 새로운 꿈을 향해 나아가는 모습은 희망을 담고 있다. '생애담'을 빌려 창작한 이 시는 한 탈북 여성이 겪은 경험을 통해 분단의 시대를 살아가면서 아픔을 겪는 이들에게 위로를 보내는 한편, 우리에게 평화와 통일의 중요성을 상기하고 있다. 이십 대 탈북 여성의 개인적 이야기를 통해 사회적 문제를 조명하는가 하면, 분단 현실에 대한 사회의 깊은 성찰을 요구하고 있다.

이명림 시인은 이번 시집을 통해 한국 현대사의 아픔과 희망, 자연과 지혜로운 공존, 가족과 인간에 대한 깊은 통찰을 담았다. 이 시집은 한국 사회의 복잡한 현실과 인간 존재의 본질에 대해 사색할 기회를 제공하는 것과 동시에 자연과 일상 속에서 치유와 평화를 찾는 대안도 제공하고 있다. 한국의 분단과 세계의 전쟁, 가족 이야기, 일상적 삶의 시쓰기, 여행시 등을 통해 얻은 지혜의 열매는 '함께 걷기'였을 것이다. "지하철 속의 마주 보는 의자/사람들 일곱 명 중 네 명 이상은/앉아서 스마트 폰을 보고 있다//사람과의 소통이 훨씬 수월해졌음에도/현대의 우리는 왜 고독하고 외로운가"(「빠름의 시대」)라면서 질문을 던진다. 고독한 현대인의 성찰과 대안은 「호수」에서 지혜가 드러난다. "호수 일감호 위에 거위 두 마리/한가로이 나란히 두 발을 뒤로 저으며 헤엄쳐 간다//흰 거위 한 마리보다는/두 마리라서 더 보기 좋다/남이 보기 좋도록 나도 남편과 함께 나란히 길을 걸어야겠다"(「호수」)는 선언에서 말이다. 이는 동반자에 대한 사랑이자, 세상을 걸어가는 소중한 가치에 대한 재발견이기도 하다. 우리 모두 이명림 시인이 제안한 '나란히 길을 걸어야겠다'는 함께 걷기에 동참해보자.